*Michael Heinen-Anders*

# Mein Weg nach unten

*Michael Heinen-Anders*

# Mein Weg nach unten

Von der Mittelschicht ins Prekariat – durch
Scheidung und Hartz IV. Ein Lebensbericht

Herstellung und Verlag: Books on Demand GmbH, Norderstedt

ISBN 9783735739803

**Inhaltsverzeichnis**

## 0. Einleitung

In meinem „ersten Leben" hatte ich im Buchhandel gelernt (1976 ff). Doch schon bald erkannte ich, dass dieser Beruf mich nicht ernähren konnte, denn die Buchhandlung in der ich schließlich arbeitete, wurde verkauft, natürlich ohne die Übernahme der Mitarbeiter.
Also entschloss ich mich zu meiner persönlichen Bildungsrevolution. Ausgestattet mit einem mittelmässigen Realschulabschluß, schien mir der Besuch einer Fachoberschule der schnellste Weg zum Studium zu sein. Doch ich wurde enttäuscht. Der anfänglich geplante Weg durch eine Fachoberschule für Sozialarbeit und Sozialpädagogik ließ sich nicht realisieren, schließlich war mein Weg durch die kaufmännische Ausrichtung schon vorgeprägt.
Und da ich BAföG nur für diese Richtung bekam, entschloss ich mich dann – fast wider Willen – für den Bildungsgang der Fachoberschule für Wirtschaft. Das erste Jahr vertrödelte ich noch mit einer Tätigkeit als Stufensprecher und einem großangelegten schulischen Theaterprojekt – also musste ich das Jahr wiederholen.
Mittlerweile 21 geworden (also 1981) konnte ich mich dann endlich zum gemeinsamen pauken mit Mitschülerinnen durchringen, so dass dieses weitere Jahr nicht nutzlos war, sondern mit der Fachhochschulreife für Wirtschaft endete.
Da ich gerne Volkswirtschaft und Soziologie studiert

hätte, entschloss ich mich zu einem Studiengang an der Universität-Gesamthochschule Wuppertal im integrierten Studiengang Wirtschaftswissenschaft. Die Hauptfächer waren dort Betriebswirtschaftslehre, Volkswirtschafslehre und Soziologie, fast also, wie ich es mir gewünscht hatte.
Das Studium schloss ich 1988/89 dann mit recht guten Noten und der akademischen Bezeichnung Diplom-Ökonom ab.
Beides lies mich auf eine Karriere hoffen.

1. Perspektiven nach dem Studium

Während des Studiums hatte ich meine mir seit 1982 treu zur Seite stehende Lebensgefährtin geehelicht, zwei Töchter in Folge waren das Resultat dieser Beziehung.
Ich war also durch Vaterpflichten gehalten „Geld heranzuschaffen". Eine von meinem Vater arrangierte Weiterbildung für den höheren Bibliotheksdienst, musste ich daher ausschlagen, denn die dortige Ausbildungsvergütung war für einen Hauptverdiener zu schmal bemessen – meine Ehegattin widmete sich zwar einem Teilzeitjob, aber für die Kleinfamilie wäre es finanziell doch recht knapp geworden, wenn ich mich – wider Anraten der Ehefrau - zu der recht aussichtsreichen Weiterbildung entschlossen hätte.

Meine Chancen lagen also lediglich noch im sogenannten „freien Arbeitsmarkt", in dem ich mich nun zu tummeln hatte.
Zusätzlichen Druck vermittelte mir dann noch meine Frau, die sich entgegen weiterem Kinderglück zu

einer Abtreibung entschied – wider meinen eigentlichen Willen zwar, aber das Motto hieß dazumal leider immer noch „Mein Bauch gehört mir". Wie die im katholischen Milieu arbeitende Gattin das mit ihrem Gewissen vereinbaren konnte, war mir zwar schleierhaft, aber sie hatte alle Fäden in der Hand und immerhin die moralische Unterstützung ihrer Freundinnen auf ihrer Seite.

Da ich an der Erziehung meiner bis dato geborenen Töchter und zudem noch in einem selbstinitiierten Kindertagesstättenprojekt starken Anteil nahm, war ich räumlich stark an die von Arbeitslosigkeit gebeutelte Region Köln (und Umgebung) gebunden. Ich musste bei meinen Bewerbungen denn auch lernen, dass Jobs zuweilen nicht dem bestgeeigneten, sondern dem Bewerber mit den besten familiären Beziehungen zugesprochen wurden, so bei mir im Falle einer öffentlich-rechtlichen Bank, mit Sitz in Bonn etwa. Trotz mündlicher Zusage, wurde diese bald wieder zurückgenommen – zur Förderung innerbetrieblicher verwandtschaftlicher Beziehungen.

Ich hingegen musste „auf dem freien Markt" weitersuchen.


2.  Befristete Verträge – das Imperium schlägt
    zurück

Schleichende Gewaltverhältnisse im Alltag machen den Menschen das Leben schwer. Dazu zählen auch

die heute gängigen Fallen im Arbeitsrecht, damals
noch die Ausnahme, doch heute in aller Munde.
Es handelt sich um die berühmt-berüchtigten
befristeten Arbeitsverträge, zu denen ein Professor
für Personalwirtschaftslehre unter dem Stichwort
„Entlassungen" heute bemerkt: „Kritisch ist
anzumerken, dass von diesen Maßnahmen diejenigen
Personengruppen zuerst betroffen sind, die schon
während des Beschäftigungsverhältnisses
benachteiligt wurden".[1]
Wie dem auch sei. Ich fand meine erste Stelle als
Abteilungsleiter in einer kleinen Filmfirma, nach
einigen Tagen Probearbeit – und dem „dicken Ende",
mit dem ich vorher gar nicht gerechnet hatte, mit
einem in juristisch-spitzfindiger Manier formulierten
Arbeitsvertrag mit Mehrfachbefristung. Dieser
Vertrag wurde mir regelrecht aufgezwungen. Von
einem durch freie Verhandlungen zustande
gekommenen Arbeitsvertrag konnte mithin nicht die
Rede sein.

Nach wenigen Wochen stellte es sich schon heraus,
dass der Seniorchef sich mit dem Juniorchef nur
selten abstimmte, so dass ich häufig entgegengesetzte
Weisungen bekam. Was ich davon befolgte, konnte
ich mir aussuchen, ich war auf jeden Fall „der
Schuldige", wenn etwas schiefging.

Zudem stellte sich der Senior-Chef als ein Choleriker
gröbsten Ausmaßes heraus. Somit kam ich zu der
zweifelhaften Ehre, nach Ablauf der ersten Befristung

---

[1] Hans-Gerd Ridder: Personalwirtschaftslehre, 4. Auflage,
Kohlhammer Vlg., Stuttgart 2013, S. 121

zwar weiterbeschäftigt zu werden, doch ohne jene
ausdrückliche Vereinbarung, die im Arbeitsvertrag
eigentlich vorgesehen war. Der Vertrag war also
juristisch gesprochen „schwebend unwirksam".

Da ich unter solchen Arbeitsverhältnissen nicht
wirklich meine Talente entfalten konnte, entschloss
ich mich schließlich zu einem Wechsel in die „Freie
Wohlfahrtspflege", also in einen Wohlfahrtsverband.
Auch hier bot man mir nur einen auf zweieinhalb
Jahre befristeten Vertrag an, doch schien die
Perspektive als „Referent für Maßnahmen gegen die
Arbeitslosigkeit"[2] eine weitaus bessere zu sein, als
meine vorherige noch prekärere Beschäftigung.

Dass der Referententitel nur „Schall und Rauch" war,
das bemerkte ich schon während der ersten Monate
dieser Beschäftigung, die zwar mein soziales
Gewissen sehr ansprach, aber schlicht und einfach
unterbezahlt war. Manche Sachbearbeiterin „ohne
Ehrentitel" verdiente mehr als ich, der ich ja nach
außen hin in immerhin formal repräsentativer
Position arbeitete.

Doch auch als Referent hatte ich zwei verschiedene,
unterschiedliche Vorgaben machende Vorgesetzte.
Der Gruppenleiter mit dem Titel „Referatsleiter"

---

[2] Re-Finanziert wurde diese Tätigkeit aus dem NRW-Stammkräfte-
Programm. Vgl. dazu: Hans-Joachim Petzold/Christoph
Eckhardt/Per-Marcel Ketter/Anna Ramme: Soziale
Beschäftigungsprojekte gegen Langzeitarbeitslosigkeit – Sackgasse
oder zukunftsweisende Integration?, herausgegeben vom Institut für
berufliche Bildung, Arbeitsmarkt und Beschäftigung (IBAB),
Heidelberg 1990

stellte sich als übelster Mobber[3] heraus, während der
Abteilungsleiter eigentlich recht wohlmeinend und
auch hinreichend rational war.

Nachdem mir mehrfach der Referatsleiter übel
mitspielte, etwa indem er mir mehrfach dringend
notwendige Dienstreisen verweigerte, oder später, als
mir aufgrund seiner Initiative, die tariflich nach
eineinhalb Jahren vorgesehene Höhergruppierung
verweigert wurde, entschloss ich mich ihm in
gleicher Münze heimzuzahlen. Nachdem mich der
Abteilungsleiter als Abgesandten der Abteilung in
eine Re-Organisations-Kommission entsandte, stellte
ich dort den Antrag, dass das Referat meines
Vorgesetzten um die Hälfte verkleinert wurde, da die
sogenannte „Organisationsspanne" oder auch
„Leitungsspanne"[4] mit ca. 20 unterstellten
Mitarbeitern zu groß war.
Diesem Antrag wurde stattgegeben und somit war ich
diesen unerträglich mobbenden Vorgesetzten (der
einige Jahre später fristlos gekündigt wurde) zunächst
einmal los.

---

[3] Abgeleitet von dem Wort „Mobbing". Vgl. Trude Ausfelder:
Mobbing, Heyne TB Vlg., München 2001; Heinz Leymann:
Mobbing, rororo TB Vlg., Reinbek b. Hamburg 1993
[4] Als Definition kann gelten, die „Anzahl der Stellen, die einer
Leitungsebene optimalerweise unmittelbar unterstellt sind". Als
optimal gilt eine Organisations- bzw. Leitungsspanne von 8 – 10
unterstellten Mitarbeitern, obwohl auch dies umstritten ist. Vgl.
http://www.unternehmerinfo.de/Lexikon/L/Leitungsspanne.htm und
Hans-Jürgen Schmidt: Betriebswirtschaftslehre und
Verwaltungsmanagement, 7. Auflage, UTB/Facultas Verlags- und
Buchhandels AG, Wien 2009, S. 235 – 236 (Es kann davon
ausgegangen werden, „dass einem Referatsleiter 4 bis maximal 10
Mitarbeiter (…) zugeordnet werden können.", Ebendort, S. 236)

Leider ging die neu zu vergebende Referatsleitung aber an eine Kollegin, die sich nur durch lange Betriebszugehörigkeit, nicht aber durch Sachwissen auszeichnete, so dass sie dazu tendierte Luftschlösser zu planen.

Als mich eine ihrer Fehlplanungen direkt betraf, und sie partout nicht davon lassen wollte und meine Befristungszeit sich ihrem Ende näherte, schaute ich mich daher schlicht nach einer besser bezahlten Stelle um.

Diese fand ich auch, jedoch war auch diese Stelle wiederum befristet. Anstellungsträger war diesmal eine Wirtschaftsförderungsgesellschaft.

Trotz der Befristung war ich gezwungen, mir ein kleines Zimmer in Ortsnähe anzumieten, denn die Stelle war über 200 km von meinem Wohnort entfernt.

Ab Stellenantritt sah ich meine Familie nur noch am Wochenende. Ich meinte dass dies die bessere Bezahlung nicht notwendig rechtfertigt. Als besonderer Familienmensch begann damit für mich eine Zeit besonderer Entbehrungen. Und ich war nicht unfroh, als sich herausstellte, dass diese Stelle schließlich mit dem Ende ihrer Befristung auslaufen würde.

Weitere Jobstationen folgten. Immer wieder war es eine Befristung der Beschäftigungszeit per Arbeitsvertrag oder in zwei Fällen das unerträgliche Mobbing von Kollegen, die mich zur erneuten Stellensuche zwangen.

Die immer wieder erneute Bewerbersituation zermürbte mich. Somit kam es immer wieder zu längeren Auszeiten, ergo Arbeitslosigkeit.

Zweimal schaffte ich es noch mich in eine ABM-Stelle zu retten. Doch hier war das zwangsläufige Ende der Beschäftigung als systemimmanent quasi "eingebaut". Egal wie gut, mir diese Stellen gefielen, egal, wie sehr ich mich auch abmühte, der Erfolg in Form einer Festanstellung über die Befristung hinaus, wollte sich nicht dauerhaft einstellen. Und dies, obwohl ich mich in meinen Tätigkeiten für die Stadt Köln, Amt für Stadtentwicklung und Statistik (als Volkswirt) und auch für den Caritasverband, Köln (als Schuldnerberater) durchaus redlich abmühte, auch durchaus Erfolge innerhalb meines Aufgabenkreises hatte und keinen einzigen Tag wegen Krankheit fehlte.

Darunter litt zusehends auch meine Ehe.

Denn meine mittlerweile im katholischen Milieu aufgestiegene Ehefrau kannte Arbeitslosigkeit nur dem Namen nach. Immer wieder überkamen sie Zweifel, ob ich noch der geeignete Ehepartner war.

3. Von der Ehekrise zur Scheidung – eine kleine
Apokalypse

Der in objektiv gegebenen Verhältnissen ‚böse'
handelnde Mensch trägt ein individuell ganz
unterschiedliches Maß an Schuld für seine Handlungen.[5]

So auch meine Ehefrau. Nicht sie allein war schuld an
der Ehekrise, aber nichtsdestotrotz war sie auch nicht
unschuldig daran.

Hier eine kleine Rückblende:

Es begann in etwa Silvester 2002. Wir (meine Ex-Frau
und ich) waren eingeladen bei Nachbarn und Bekannten
um Silvester zu feiern.
Es fiel mir auf, dass sie jeden Kontakt mit mir mied.
Auch als ich sie auf Themen wie einen eventuellen
gemeinsamen Urlaub im Sommer ansprach, oder auf die
Ausrichtung meines Geburtstages, sie blieb stumm. Was
ich bis dahin noch nicht wusste, aber ich schon hätte
ahnen können: Der Gedanke an einen fremden Mann fing
an in meiner Frau Besitz zu greifen. Nachdem Ihre
Schwester ihr bereits jahrelang die Promiskuität in
Bezug auf Männer vorgelebt hatte – und sie mit ihrer
Schwester dieses Jahr zusätzlich zu unserem
gemeinsamen Urlaub noch einmal verreiste – zu
welchem Zwecke wohl? – war sie wohl heiß auf

---

[5] Vgl. z.B. Edelgard Vietor: Schuld und Sünde. Erkennen –
verwandeln – verzeihen, Urachhaus Vlg., Stuttgart 2002

Abenteuer der besonderen Art. Die Kinder waren bereits
relativ groß, d.h. fast erwachsen.
Die Älteste weilte für ein Jahr in einem
Auslandsaufenthalt in den USA und die jüngere der
beiden war so sehr mit sich selbst und ihrem Freund
beschäftigt, als dass ihr die Veränderung der Mutter nicht
weiter auffiel.
Ich wollte im neuen Jahr gerade mit einem neuen
Teilzeitjob beginnen – und meine Frau hatte mir noch
Weihnachten – kurz vor Aufnahme dieses Jobs
ausdrücklich versprochen, sie würde mich finanziell in
dieser Phase unterstützen, da der Teilzeitjob nicht viel
einbrachte. (Später, ja nur wenige Monate später stellte
sich dieses Versprechen als „heiße Luft" heraus).
Dann hatte die Schwester meiner Frau Geburtstag – an
sich nichts Besonderes – denn dieses lebenshungrige
Weib feierte gerne und ausgelassen und animierte auch
meine Frau, wo immer sich die Gelegenheit bot zum
leichten Flirt am Abend, zum leichten Schweben auf
Wolke Nr. 7 mithin, mit dem Titel: „Ich bin wichtig – ich
bin schön".
Eingeladen waren zu diesem Geburtstag zunächst nur
drei Personen, was mir schon leicht spanisch vorkam,
nämlich Hugo, jener Mann, der erfolglos bereits über
zwei Jahre versucht hatte, meine Frau anzubaggern, aber
dann pünktlich zu Karins Geburtstag auf die Schwester
(als Notlösung) ausgewichen war, meine Frau Karin
und.....und, ja nun: jedenfalls nicht ich sondern ein Mann
von dem ich zunächst nichts weiter wusste, als dass er ein
Freund Hugo's sei – später erst wurde sein Name
offenbar: Rolf.
Diese vier feierten ausgelassen über mehrere Tage – und
es kam wie es kommen musste, wenn zwei sich so

bumsfidel vergnügen, dann können es auch die anderen nicht lassen.

Jedenfalls wurde nach Rückkehr der drei Gäste zwischen den zweien (meiner Frau und ihm) sofort ein Date vereinbart - was sich nach Auswertung der Einzelverbindungsnachweise unseres Telefons später genauer erschließen ließ. Das Date fand denn auch genau zwischen den beiden Tagen statt, die ich aus beruflichen Gründen in der schönen Stadt Berlin zur Fortbildung weilen musste.

Meine Frau kam mir in der Zeit danach leicht abwesend vor, hörte ständig Grönemeyers „Mensch (ich brauch dich)", dass es schon sonderbar war, bis sie mir an einem Abend im Februar, es muß wohl der 7. gewesen sein eröffnete, sie wolle sich trennen, sie habe wegen eines anderen Mannes leider die Kurve nicht mehr gekriegt. Mich bat sie doch sofort auszuziehen und bot mir perverserweise dafür weiterhin ihre sexuellen Dienste an. Ein Angebot von dem sie später freilich zurücktrat. Als ich ganz anders reagierte und ihr laute Vorwürfe machte, sie bat, sie möge doch bitte sofort das gemeinsame Schlafzimmer verlassen, in dem wir zugegeben, manch schöne gemeinsame Nacht verbracht hatten, zuletzt wohl so um die Weihnachtszeit, da wurde das Klima zwischen uns dann unschön, obwohl ich sie inständig bat, auch im Interesse der Kinder, mit diesem Unsinn aufzuhören.

Aber es reichte wohl nicht mehr aus: Nach 20 Jahren Beziehung, davon 16 Jahren Ehe – nach außen katholisch – nach innen eher erotisch-frivol, entstand das Bedürfnis jenen Mann auszuwechseln, der über so lange Jahre treue Dienste geleistet hatte, der zugunsten der Kinderbetreuung auf die berufsübliche Karriere verzichtet hatte und der auch trotz etlicher

verlockender Gelegenheiten, seiner Frau immer die Treue
hielt. Der seiner Frau Teile ihrer Diplomarbeit verfasste,
der ihr half ihre Annerkennungszeit bei der Caritas zu
überstehen und ihr später ein doch noch einigermaßen
passables Zeugnis vorformulierte, was sie nur noch
durchzusetzen hatte, so dass die Anerkennungs-
praktikantenzeit endlich beendet war.
Schließlich fand meine Frau im damals herrschenden
Solidaritätsboom, eine Stelle im Katholischen Spektrum,
welche unter Abgabe von Stellendeputaten der anderen
für ansonsten Chancenlose Arbeitslose eingerichtet
worden war. Meine Frau nutzte die Chance und
und schlug sich im Dschungel der katholischen
Monstrositäten mit Charme und Sexappeal
durch – das alles kannte sie ja schon, schließlich hatte sie
bereits – aus erzkatholischer Familie stammend – mit 12
Jahren ihre erste sexuelle Begegnung und wusste auch
später, dass Bigotterie und Doppelmoral unter ihren
Studienkolleginnen an der Katholischen Fachhochschule,
sehr gut ankamen. So schleppte sie bereits sehr früh in
unserer Ehe einmal eine lesbische Freundin an und
bewahrte sich auch später das Faible für lesbische oder
immerhin Bi-Frauen. Eine ihrer späteren Praktikantinnen
fuhr sie deshalb gleich mehrmals besuchen.
Wie dem auch sei – eines Tages endete die gesponserte
Stelle und nun war guter Rat teuer.
Meine Frau eher hilflos in solchen Angelegenheiten,
wenn sich mit Charme alleine nicht viel erreichen ließ,
hoffte zwar auf ihre Chance aber die kam nicht vom
Himmel (ich schätze sie würde heute noch auf das uns
von dort versprochene Manna in form einer Arbeitsstelle
warten, wenn, ja wenn nicht schließlich ich eingegriffen
hätte.....).

Schließlich hatte sie – nach meinem Eingreifen -
vier Stellen zur Auswahl und davon gleich zwei Zusagen.
Die Jugendverbandsorganisation unter den kirchlichen
Genossen sagte ihr wohl gleich sehr zu, aus dem Grunde,
weil es bekanntlich unter denen, die das Wort Arbeit zu
sehr im Munde tragen, nur selten allzu viel davon gibt....

Auch sagte ihr der dortige Chef wohl nicht allein deshalb
zu, weil er ein netter Mensch war, sondern weil er es mit
der gleichen Bigotterie hielt – frei nach dem Jürgen
Becker'schen Motto („Mit einer vier Minus kütt mehr
och noch in den Himmel").

Gesagt getan, Arbeit gab es nicht viel in dieser
Organisation, man mußte sie dort suchen.
Und so verlegte der Verein sich ausgerechnet auf ein
Feld, was eigentlich schon besetzt war (nämlich durch
Pro familia), dem der sexuellen Libertinage.

Dies in einem katholischen Verband unterzubringen war
gar nicht so einfach und so verquickte man dies mit
sogenannten Jugendleiterseminaren und gelegentlichen
Auslandskontakten, wo dann selbst Kardinal Meißner mit
gelegentlichem Fronteinsatz rosenkranzschwingend sich
mit dem gemeinen christlichen Arbeitervolk
solidarisierte.

Aber irgendwann war Schluß mit lustig, denn es sollte
gespart werden. Und gespart wird bekanntlich immer
dort, wo besonders wenig getan wird, und das meist von
anderen, die noch weniger tun.

So trat ein übler Intrigant in das Leben meiner Frau und eine Erzfeindschaft war geboren, konnte man sich doch schon auch nicht riechen, so gab man sich wenigstens gelegentlich ordentlich die Kante und war wenigstens trunken ein Herz und eine Seele.

Aber wo gespart werden muss, da braucht man keine besonderen Gründe. Stattdessen bleibt immer derjenige übrig, dessen Vertrag ohnedies gerade auslief – und das war ausgerechnet meine Frau, da hatte aller Charme, alle Doppelmoral, alles Winken oder mehr noch Drohen mit Bigotterie ausgedient. Stattdessen gab es für eine dürftige Leistung ein noch dürftigeres Zeugnis und nur durch meine Mithilfe konnte das schlimmste verhindert werden.

Da gab ich meiner Frau den entscheidenden Tip: Es gibt doch da zur Zeit so ein Modewort mit viel Verpackung und wenig Inhalt, nämlich das Sozialmanagement. Und es gab auch den passenden Crashkurs dazu.

Und weil das Glück ja bekanntlich mit den Dummen ist erfuhr meine Frau genau auf diesem Seminar von einem neuen Projekt eines katholischen Vereins für Mädchen- und Frauenbelange.

Dort stieg sie ein auf niedrigem Niveau, viel zu gut bezahlt, dies fiel bald auch der Geschäftsführung auf. Da zugleich die Vertretung ihrer Abteilungsleitung anstand, wurde meine Frau sozusagen durch einen doppelten Glücksumstand nach oben gehievt: einmal verdiente sie für das gemeine Volk der Sozialarbeiter bereits zu viel und andererseits besaß sie da ja noch ein Papier mit dem vielversprechenden Titel „Sozialmanagement".

Also kam es wie es kommen muß, meine Frau stieg auf, die Mutterschaftsbeglückte Kollegin wurde nie mehr gesehen und so trat sie die Nachfolge an über deren Reich.

Rückblende Ende.

Meine Frau war also der Inbegriff eines erfolgreichen, arbeitsamen Menschen, wenigstens formell, während ich eher der „Looser"-Fraktion anzugehören schien.

Da fiel ihr die Trennung nicht schwer. Die Wohnung gehörte ihrem Bruder, und so war ich es, der auszuziehen hatte.

Dass mir all das das Herz brach, nach so langer Partnerschaft – kein Wunder, denke ich mir heute.

Und so kam es, wie es kommen muss: Zwei Jahre später waren wir geschieden.

## 4. Endstation Hartz IV

Just zu jener Zeit wurde die unsozialste Reform des Arbeitsmarktes - seit langem - bereits vorbereitet. Zum Zeitpunkt meiner Scheidung (2005) war sie bereits Wirklichkeit.

Hätte nicht die SPD mit den Grünen im Huckepack, diese vermeintliche „Reform" – eigentlich eine Entrechtung - durchgepeitscht, mit Minister Wolfgang Clement an der Spitze, sie wäre wohl nie gekommen. Aber die SPD wusste die Gewerkschaften „gut" einzuwickeln.

Benannt worden ist diese Reform ja bekanntlich nach dem Automanager Peter Hartz, der – wie sich später herausstellte – sich ja auch für die (illegale) Korruption mit Betriebsräten nie zu fein war.

Zunächst dachten wohl nicht wenige, es werde nichts so heiß gegessen, wie es gekocht wurde, aber es war in diesem besonderen Fall der Umstand, dass die Union samt neoliberaler FDP ihre Zustimmung im Bundesrat zu dieser Reform geben mussten, eher noch so, dass das anfangs erdachte immer weiter verschärft wurde.

Seither stehen einige Grundrechte, wie die Menschenwürde (Art. 1 GG), das Verbot der Zwangsarbeit und das Recht der freien Berufswahl (Art. 12 GG) nur noch auf dem Papier. Auch das

Sozialstaatsgebot nach Art. 20 I GG scheint seither nur noch ein Papiertiger zu sein.[6]

Unter dem Regime des Arbeitslosengeldes II, wie es offiziell heißt, werden alle Arbeitslosen gleich gemacht. Egal ob angelernter Hilfsarbeiter oder lange und teuer ausgebildeter Akademiker. Egal ob mit mehreren Berufs-abschlüssen oder mit keinem. Alle erhalten das gleiche.

Das ist Enteignung in Reinkultur. Ob ehedem gehobener Mittelschichtler oder schlicht Ungelernter, alle gehören nun gleichermaßen zum Prekariat, das sich gefälligst vor karitativen Suppenküchen aufstellen muss, will es nicht verhungern.

Fortbildungsmaßnahmen gibt es (fast) nur noch als Alibiveranstaltungen, in Form von Kursen, in denen man zum x-ten male „neu" lernt seine Bewerbung auch formschön zu verfassen.

Und wehe, die Energiekosten steigen oder die Mietkosten steigen. Zahlen muss die Mehrkosten allein der ALG II-Bezieher und wird dafür von der Boulevardpresse gar noch als „Sozialschmarotzer" diffamiert.

Und findet der ALG II-Bezieher eine Arbeit, so ist er sie oft bald wieder los, denn mit dem Ende der (Einarbeitungs-)Zuschüsse, ist er die Stelle  - sofern

---

[6] Zur Verfassungsinterpretation vgl. Helmut Fangmann/Michael Blank/Ulrich Hammer: Grundgesetz. Basiskommentar, Bund Vlg., Köln 1991 (sowie Neuauflage mit gleichem Titel 1996, wiederum bcim Bund Vlg., Köln)

keine glücklichen Umstände hinzukommen - meist sowieso wieder los.

Der Boom der Zeitarbeitsbranche ist nur dem Umstand von Hartz IV geschuldet, ebenso wie der daraus resultierende Niedriglohnsektor.[7]

Als Verschiebebahnhöfe für Pseudo-Vermittlungen zählt nicht nur die x-te nutzlose Bewerber-Maßnahme, sondern es zählen hierzu auch nutz- und sinnlose 1-EURO-Jobs, die bekanntlich noch niemand in Arbeit gebracht haben.[8] Auch Praktika und Probearbeit zählen als „Vermittlungen".

Das so kaum jemand der so verschaukelten Arbeitslosen nochmals in die vorher erreichten Wohlstands-Regionen eintauchen kann, versteht sich von selbst.[9]

---

[7] Vgl. Markus Breitscheidel: Arm durch Arbeit. Ein Undercover-Bericht, Econ Vlg., Berlin 2008; Gabriele Gillen: Hartz IV – Eine Abrechnung, rororo TB Vlg., Reinbek b. Hamburg 2005
[8] Vgl. Björn Lange: Hartz IV und der Tag gehört dir. Über das Schicksal Langzeitarbeitsloser, den Zerfall unseres Sozialsystems und das Milliardengrab ARGEn/Jobcenter, BOD, Norderstedt 2011; Elvira van B.: Biste auf Hartz IV, dann blüht es Dir…, BOD, Norderstedt 2010; Claudia Raab: Mein Leben mit Hartz IV, BOD, Norderstedt 2010
[9] Vgl. Franziska Reif/Tobias Prüwer: A wie Asozial. So demontiert Hartz IV den Sozialstaat. Mit einem Vorwort von Günter Wallraff, Tectum Vlg., Marburg 2014

5.  Aktuelle Situation

Neuerdings bin ich frühverrentet. Finanziell geht seither
alles leichter von der Hand.
Mittlerweile behauptet meine Ex-Frau in aller
Öffentlichkeit, unter Verdrehung der Tatsachen, ich sei
ihr nicht intelligent genug gewesen, deshalb habe sie die
Beziehung beenden müssen.

Mir fällt dazu nur ein Passus aus dem Werk Rudolf
Steiners ein:

„Wir begreifen durch unsere Intelligenz dasjenige, was
dem Tode unterliegt. Aber auch diese Art von
Intelligenz, die das Tote begreift, verwandelt sich. Und in
den nächsten Jahrhunderten und Jahrtausenden wird
diese Intelligenz etwas anderes, etwas weit weit anderes
werden. Sie hat heute schon eine gewisse Anlage, unsere
Intelligenz. Wir werden als Menschheit einlaufen in eine
Entwickelung der Intelligenz so, daß die Intelligenz wird
die Neigung haben, nur das Falsche, den Irrtum, die
Täuschung zu begreifen und auszudenken nur das Böse.
Das wußten ja die Geheimschüler und wußten namentlich
die Eingeweihten seit einer gewissen Zeit, daß die
menschliche Intelligenz entgegengeht ihrer Entwickelung
nach dem Bösen hin, daß es immer mehr und mehr
unmöglich wird, durch die bloße Intelligenz das Gute zu
erkennen. Die Menschheit ist heute in diesem Übergänge.
Wir können sagen: Gerade noch gelingt es den
Menschen, wenn sie ihre Intelligenz anstrengen und nicht
in sich ganz besonders wilde Instinkte tragen, nach dem

Lichte des Guten etwas hinzuschauen. Aber diese menschliche Intelligenz wird immer mehr und mehr die Neigung bekommen, das Böse auszudenken und das Böse dem Menschen einzufügen im Moralischen, das Böse in der Erkenntnis, den Irrtum. Das war mit einer der Gründe, warum die Eingeweihten sich die Männer der Sorge nannten, weil in der Tat, wenn man in dieser Einseitigkeit, wie ich es jetzt auseinandergesetzt habe, die Entwickelung der Menschheit betrachtet, so macht sie Sorge; Sorge gerade wegen der Entwickelung der Intelligenz. Es ist schließlich gar nicht umsonst, daß die Intelligenz dem gegenwärtigen Menschen so viel Stolz und Hochmut einflößen kann. Das ist, möchte ich sagen, der Vorgeschmack für das Böse-Werden der Intelligenz im fünften nachatlantischen Zeitraum, an dessen Anfang wir stehen. Und würde der Mensch nichts anderes ausbilden als seine Intelligenz, dann würde er auf der Erde ein böses Wesen werden. Wir dürfen nicht rechnen, wenn wir mit der Zukunft der Menschheit rechnen und diese Zukunft uns als heilsam denken wollen, wir dürfen nicht rechnen auf die einseitige Ausbildung der Intelligenz, Diese Intelligenz war noch in der ägyptisch-chaldäischen Zeit etwas Gutes, diese Intelligenz ist dann dasjenige geworden, was seine Verwandtschaft eingegangen hat mit den Kräften des Todes. Diese Intelligenz wird eine Verwandtschaft eingehen mit den Kräften des Irrtums, der Täuschung und des Bösen. Das ist etwas, worüber sich die Menschheit eigentlich keiner Illusion hingeben sollte. Die Menschheit sollte unbefangen damit rechnen, daß sie sich zu schützen hat gegen die einseitige Entwickelung der Intelligenz."
(Rudolf Steiner: Die Erziehungsfrage als soziale Frage, GA 296, S. 89 – 90)

## 6. „Zeige Deine Wunde" (Joseph Beuys)

**Anmerkungen zur Veröffentlichung des Büchleins „Mein Weg nach unten…"**

Ich habe mir in diesem Buch – entstanden zuerst 2014 - so einiges – ganz und gar unanthroposophisch – von der Seele geschrieben, getreu dem Joseph Beuys'schen Motto „Zeige deine Wunde".

Dies war für mich eine notwendige Selbsttherapie. Nur wer dieses Werk zusammen mit meinem späteren – weiteren biographischen – Büchlein „Wenn die geistige Welt eingreift – eigene Erfahrungen" gewissermassen „zusammen liest", der erhält das volle Bild.

Es wäre sicherlich auch heilsam gewesen, wenn unsere Eltern und Großeltern uns über ihre Erfahrungen mit Krieg und Nationalsozialismus berichtet hätten. Dies wäre ein Baustein zum besseren Verständnis dieser Generation gewesen. Leider unterblieb das meistens.

Meine Kinder lehnen dieses Buch ab, und möchten es am liebsten ungeschehen machen, doch mir brannte diese Angelegenheit derart „auf dem Herz", so dass ich mich darüber äußern mußte.

Damit ist für mich dieses Kapitel auch abgeschlossen.

Wer aber selbst kränkendes erlebt hat – auch seelische Wunden -, der sollte sich ruhig – in dafür geeigneten Momenten – seinen Nächsten gegenüber oder auch gegenüber aufgeschlossenen Mitmenschen dazu äußern, denn dieses „reinigen der Seele" halte ich für durch und durch heilsam.

Auch Rudolf Steiner hat sich zu unseren - meist physischen (aber nicht nur) - Wunden geäußert, im sogenannten Samariterkurs. Dort sprach er auch ein Mantram:

So lange du den Schmerz erfühlest,
Der mich meidet,
Ist Christus unerkannt
Im Weltenwesen wirkend,
Denn schwach nur bleibet der Geist,
Wenn er allein im eignen Leibe
Des Leidensfühlens mächtig ist.

„Ergänzungen aus den Aufzeichnungen eines weiteren, namentlich nicht bekannten Teilnehmers:
Dr. Steiner gab an, dass derjenige, welcher das Mantram benützt, die letzten drei Zeilen zu sich selber spricht."

(Rudolf Steiner: Das Geheimnis der Wunde.
Aufzeichnungen zum sogenannten Samariterkurs, gehalten in Dornach vom 13. bis 16. August 1914.
Zweiter Vortrag vom 14.08.1914).

Eines ist jedoch gewiß, das Wunden-schlagen bei einem Mitmenschen (hier meine Ex-Frau bei mir),
ist auf alle Fälle Karma auslösend. Versuche diese Konflikte in diesem Leben zu lösen, scheiterten bisher.
Und es bestehen – nach Lage der Dinge – damit auch keine Hoffnungen auf eine Bereinigung.

(Edvard Munch: Der Schrei)

"Über den Sinn des Leidens.

Leiden ist eine Begleiterscheinung der höheren
Entwickelung. Es ist das, was man nicht entbehren kann
zur Erkenntnis. Der Mensch wird sich einst sagen: Was
mir die Welt an Freude gibt, dafür bin ich dankbar. Wenn
ich aber vor die Wahl gestellt werde, ob ich meine
Freuden oder meine Leiden behalten will, so werde ich
die Leiden behalten wollen; ich kann sie nicht entbehren
zur Erkenntnis. Jedes Leiden stellt sich nach einer
gewissen Zeit so dar, daß man es nicht entbehren kann,
denn wir haben es als etwas in der Entwickelung
Enthaltenes aufzufassen. Es gibt keine Entwickelung
ohne Leiden, wie es kein Dreieck ohne Winkel gibt.
Wenn der Christus-Einklang erreicht sein wird, werden
wir erkennen, daß zu diesem Einklang alle
vorangegangenen Leiden notwendige Vorbedingung
waren. Damit der Christus-Einklang da sein kann, muß
das Leid da sein; es ist ein absoluter Faktor in der
Entwickelung.

Dadurch, daß der Mensch die Egoität überwindet, kommt er über die Stimmung des Bedrückt- und Gelähmtseins hinweg. In diesem Phänomen kann man etwas sehen, was gut ist: Kraft aus der Unzulänglichkeit. Gott sei Dank, daß ich durch eine unzulängliche Tat, das heißt deren Mißerfolg, ermutigt werde, weiter zu handeln!" (Rudolf Steiner, GA 110, Fragenbeantwortung vom 21. April 1909)
Das Leiden erhebt uns, es fördert uns in unserer Entwicklung. Allerdings können Fragmente des Leidens so tief in unsere Seele eindringen, als daß uns dies krank macht.
Die Vergegenwärtigung des Leids, egal ob durch Schrift oder durch ein Kunstwerk hilft uns ihm ins Auge blicken zu können, das kann uns gleichfalls spirituell erheben und reif für höhere Aufgaben machen. Im Grunde bin ich erst durch das Unausgesetzte Erleben des Leids gereift, um als Schriftsteller arbeiten zu können. Zunächst waren es Lyrik und Prosa, der mein Bemühen galt, später aber nur noch die Bearbeitung von anthroposophischen Fragestellungen im Sinne einer Essayistik, die auch zunehmend an Reife gewann.

## Autobiographische Notiz:

Michael Heinen-Anders, geb. 25.02.1960, zwei Töchter, Studien als Wirtschafts- und Sozialwissenschaftler, Diplom-Ökonom (Bergische Universität Wuppertal) 1989, lebt in Köln, dort ehemals Mitherausgeber der Handzeichen (Literaturzeitung), 1998 – 2000 wissenschaftlicher Mitarbeiter beim Amt für Stadtentwicklung und Statistik der Stadt Köln. Weitere Tätigkeiten in den Bereichen Wirtschaftsförderung, Sozialwesen und Verwaltung. Seit 1994 Mitglied der Anthroposophischen Gesellschaft, Zweig Köln. In den Jahren 1995 – 1997 Vorstandsmitglied der Elias-Initiativgemeinschaft e.V. (Flensburg). Erstveröffentlichung: „Ich und Du – Fundstücke" im De Holtes Verlag, Bruttig-Fankel, 2008. Weitere ausgewählte Veröffentlichungen: „Selbsterfüllende und selbstzerstreuende Insolvenzprognosen als Ansätze zur Erklärung krisenverschärfenden Verhaltens – Ein wirtschaftspsychologischer Beitrag zur Finanzkrise" (Selbstverlag, Köln 2009) sowie „Kapitalneutralisierung als Dreigliederungsaufgabe - Eine interdisziplinäre betriebswirtschaftliche Studie" (Selbstverlag, Köln 2009); „Späte Rehabilitation – Gedichte und Prosa" bei BOD, Norderstedt 2009.

**Weitere Titel von Michael Heinen-Anders:**

- Neue Gedichte - und Prosa (BOD, Norderstedt 2011)
- Kindergedichte (BOD, Norderstedt 2011)
- Licht am Morgen - Gedichte und Prosa (BOD, Norderstedt 2010)
- **Aus anthroposophischen Zusammenhängen** (BOD, Norderstedt 2010)
- **Aus anthroposophischen Zusammenhängen Band II** (BOD, Norderstedt 2017)
- DAS LITERARISCHE GESAMTWERK 1969 - 2017 (BOD, Norderstedt 2017)
- Mohammeds letzter Wille. Ausgewählte Prosa 1976 - 2013 (BOD, Norderstedt 2013)
- (als Herausgeber): Rudolf Steiner, Ausgewählte Gebete, Meditationen und mantrische Sprüche (BOD, Norderstedt 2012)
- **Dem Teufel auf der Spur...** (BOD, Norderstedt 2012)
- **Kapitalneutralisierung als Dreigliederungsaufgabe** (BOD, Norderstedt 2013)
- **Plädoyer für das bedingungslose Grundeinkommen** (BOD, Norderstedt 2013)
- (als Herausgeber): **Ahriman, Luzifer, Sorat und Asuras: Die Widersachermächte in der Anthroposophie** (BOD, Norderstedt 2014)
- **Wenn die geistige Welt eingreift – eigene Erfahrungen** (BOD, Norderstedt 2018)